책고래마을은 책을 좋아하는 아이와 어른이 함께 노는 그림책 놀이터입니다.

글·그림 아우야요

강원도 대관령 산길을 걷던 어느 날, 목장 옆 양떼를 바라보는데 유독 무리에서 떨어져 있는 양에게 눈길이 갔습니다.

'혹시 친구가 없나?' '어떤 친구가 곁에 있으면 좋을까?'

식탐 많고 주변을 잘 돌아보지 못하던 내 모습이 그 양과 겹쳐 보였습니다. 그렇게 탄생한 캐릭터가 바로 '박치기 양'입니다. 세상 모든 '박치기 양'이 좋은 '친구'를 만나길 바라며《박치기 양》을 지었습니다. 산과 들을 부지런히 걸으며,《우리가 손잡으면!》,《점점점》,《Muah, muah!》,《천천히 가도 괜찮아!》 등 따뜻하고 다정한 이야기를 전하고 있습니다.

책고래마을

박치기 양

2025년 8월 15일 초판 1쇄 발행

글·그림 아우야요 편집 김인섭 디자인 김헌기

펴낸이 우현옥 펴낸곳 책고래 등록 번호 제2015-000156호

주소 서울특별시 서초구 강남대로12길 23-4, 301호(양재동, 동방빌딩)

대표전화 02-6083-9232(관리부) 02-6083-9234(편집부)

홈페이지 www.dreamingkite.com / www.bookgorae.com

전자우편 dk@dreamingkite.com 인스타그램 bookgorae_pub

ISBN 979-11-6502-222-8 77810

ⓒ 아우야요 2025

박치기 양

글·그림 아우야요

책고래

어느 마을에
심술이 나면 박치기부터 하는 양이 살았어.
동물들은 '박치기 양'이라고 불렀지.
박치기 양은 늘 배가 고팠어.
오늘도 늑대네 집에 가서 문을 쾅쾅 두드렸어.

늘대 가족은 바들바들 떨면서 문을 열어 주지 않았어.
성미 고약한 박치기 양이 달려들까 봐 무서웠거든.

쿵 쿵 쿵

문 열어!
배고프단 말야.

걱정 마,
잘 잠갔어.

박치기 양은 맛있는 음식을 혼자 차지하려고
늘 다른 동물을 괴롭혔어.

박치기 양이
빨리 다른 데로
가 버렸으면 좋겠다!

늘대 가족이 문을 열어 주지 않자
박치기 양은 하는 수 없이 돌아섰어.
다른 데서 먹을 것을 찾아보기로 했지.

아, 배고파.

하지만 가도 가도 먹을 거라고는
풀 한 포기 없었어.

얼마나 걸었을까?
눈앞에 신기한 열매가 열린
나무가 나타났어.

와~ 맛나겠다!
어떻게 하면 먹을 수 있을까?

박치기 양은 힘껏 나무에 머리를 들이받았어.

뻐박ㅡ

뻑!

이 정도는 박치기 한방이야~.

빡ㅡ

나무 위에서 자던 삼총사는
깜짝 놀라 날아올랐어.

너희 누구야?
이거 다 내 거야!

내 거라고~

삼총사는 열매를 물고 요리조리 피하고,
박치기 양은 그 뒤를 정신없이 쫓았어.
그러는 사이 열매가 여기저기 흩어졌지.

바위 위로 올라간 삼총사를 보고
박치기 양은 약이 바짝 올랐어.

으아아~ 너무 아파!

바위는 무척 단단했어.
박치기 양은 하늘이 빙글빙글 도는 것 같았어.

어머, 아프겠다!

조금만 참아 봐,
마법 같은 일이 생길 거야!

이게 무슨 일이지?
땅에 떨어졌던 열매에서 삐죽 싹이 돋아났어.

먹을 거?

가만 기다리니까 아름다운 꽃이 피었어.
그것도 아주아주 많이…….
삼총사와 박치기 양은 신이 나서
펄쩍펄쩍 뛰었어.

아~ 맛있는 냄새!

박치기 양과 삼총사는 나무 열매를 뿌렸어.

열매는 금세 싹이 나고 꽃이 피었지.

점점 자라더니 기다란 나무, 넓적한 나무, 동그란 나무로 변했어.

먹음직스러운 열매가 주렁주렁 달리고,

솔솔 향기로운 냄새도 퍼졌어.

어느새 동물들이 찾아와 궁금한 얼굴로

박치기 양과 삼총사를 바라보았어.

박치기 양은 먼저 다가가 손을 내밀었어.
동물들도 환하게 웃으며 박치기 양을 맞았어.

이제 아무도 '박치기 양'이라고 부르지 않아.
대신 '친구'라고 부르지.